AF607335

Edita: Ediciones Invasoras & Activistas de palabras.

D.L. VG 310-2024

ISBN: 978-84-18885-86-0

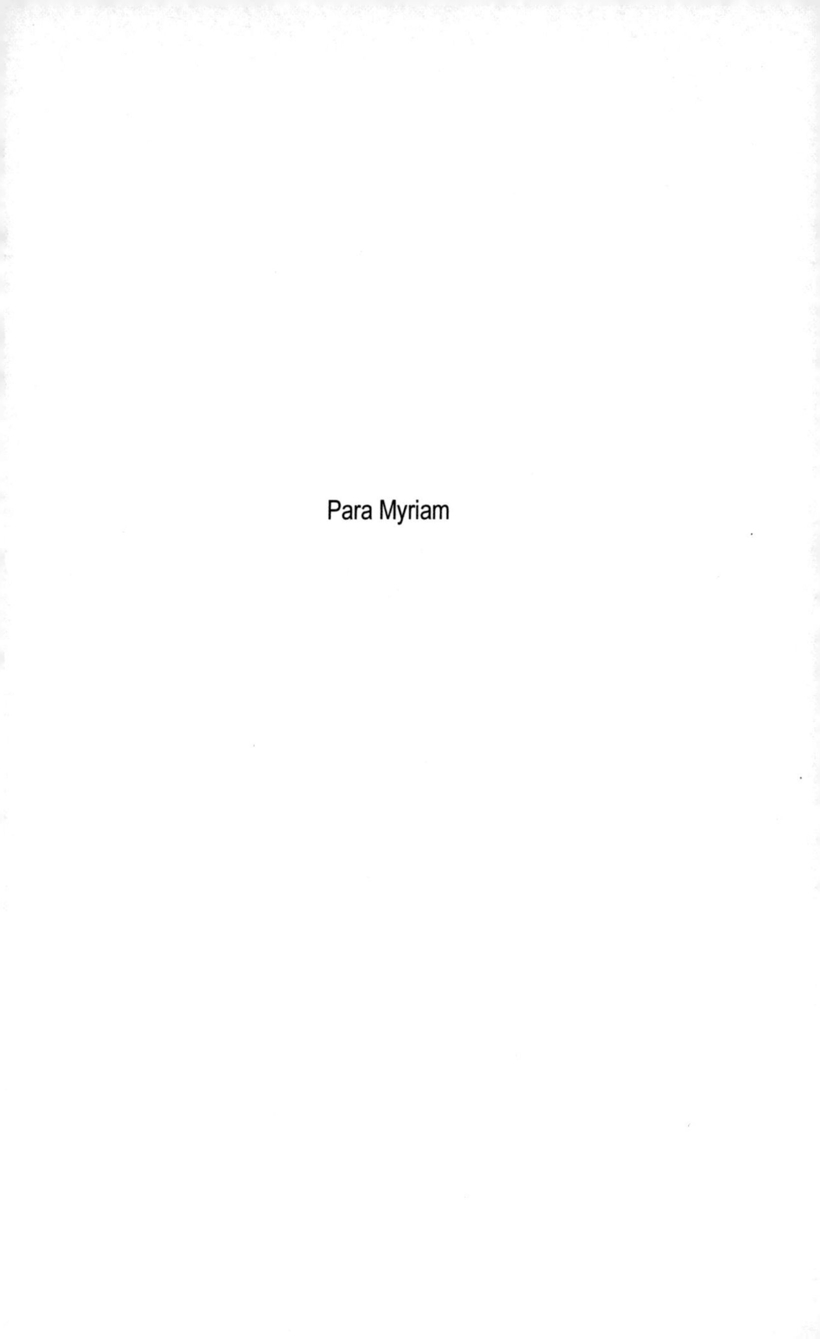

Para Myriam

SOÑAR AL BORDE DEL PRECIPICIO

JULIO FERNÁNDEZ PELÁEZ

El teatro embalado por dentro[1].

En el suelo, papeles en blanco del grosor correspondiente a unos 100 gr. unidos entre sí tal que baldosas.

Durante el desarrollo de la obra, el autor dejará caer gotas de acuarela líquida sobre el papel y pintará soplando.

La pintura permanecerá de un día para otro.

Esta obra podrá comenzar con el autor tumbado en la calle, durmiendo.

---

[1]A ser posible con papel de estraza sobre el que poder dibujar previamente determinados sueños maduros.

CONVERSACIÓN CON EL PÚBLICO

Sé lo que piensan. Sé lo que piensas. Sé lo que estás pensando. Sé que estás pensando que... Cuidado con eso que estás... No pienses en eso. Piensa, ¿crees que no puedo adivinar los pensamientos? Si estoy aquí no es para llevar un control de todo lo que pasa por tu cabeza, ni para anotar en un registro los pensares nocivos, las ideas espontáneas, las ideas libertarias, la libertad de... Y sin embargo, sé lo que piensan. Sé lo que piensas. Sé lo que estás pensando. Piensa en otra cosa, no te ciegues, aparta de tu mente los pensamientos negativos (¿los positivos existen?). Te da por pensar a cada instante, no puedes evitarlo, lo sé, como si tuvieras una voz interior que te obligara a reflexionar, a pesar de que tú sabes que el pensamiento no es más que un sueño, un sueño que se ejercita sin pensar, como respirar. Respiras luego piensas, y por lo tanto eres consciente, pero no puedes dejar de respirar, tampoco de pensar. Haz un esfuerzo, da rienda suelta al razonamiento frugal, no lo frenes. Y sin embargo, te dices, pensar con ligereza no es siempre bueno, hay demasiadas personas que sufren de pensarrea, e incluso de verborragia, lo cual les lleva a pensar por pensar, una especie de arte por el arte, pero sin materia. Sé lo que piensan. Sé lo que piensas. Sé lo que estás pensando. Crees que todo esto es un decorado. Estás en el teatro, acabas de aceptar un pacto, el pacto de la ficción. Y una mierda, piensas ahora, sin poder evitar que una pizca de agresividad se meta en tu azotea. ¿Y tú? Tú no puedes pensar más. Esto te agota. Esto agota tus neuronas. Ya no hay nada que pensar en el armario, te dices. Mira, date una vuelta, anda, vete a tomar un café y luego regresas, ya verás cómo se te ocurre algo. ¿Pero por qué pensar? ¿Por qué seguir pensando con lo fácil que sería ponerse a llorar, o a reír, o a las dos cosas a un tiempo?

Y ahora magina, imagina por un momento que pensar esté controlado, solo eso, controlado, que todo lo que piensas pasa a tu móvil y de tu móvil a un centro de datos. ¿Habéis apagado completamente los móviles? De nada sirve dejarlos en modo avión, en modo avión los móviles siguen recogiendo pensamientos. Sé lo que piensan. Sé lo que piensas. Sé lo que estás pensando. Saben lo que estás pensando. Saben lo que estamos pensando.

DEFINICIÓN

Soñar al borde del precipicio[2]:

Pequeñas acciones que se suceden de manera automática e inconsciente. Sucesión agolpada de augurios. Reacción onírica de carácter revolucionario que tiene como fin proponer una revisión impracticable de lo cotidiano.

---

[2]Esta escena ha de realizarse paseando por el espacio con anteojos para dormir. El público avisará al autor en caso de que exista riesgo de choque, atropello, caída o cualquier otra circunstancia que conlleve peligro. En algún lugar visible se proyectará la definición. Así mismo, es compatible con la acción n.º 21 descrita en este mismo libro.

ESTO NO ES UNA PIEZA DE TEATRO

O mejor dicho: esto no es una pieza de lo mal llamado teatro, sino simplemente un acto político, único e irrepetible, una burla del sueño americano del esfuerzo sin límites, una burla del sueño burgués de cortar césped al cero dejando el césped en la categoría de alfombra, una burla de la ilusión como espejismo, y al mismo tiempo un sueño en el que participa el público de manera democrática, voluntaria y responsable, y por lo tanto teatro, pero no ese teatro que se programa en los teatros y que continuamente tiene necesidad de demostrar que es teatro, sino aquel teatro que responde por su nombre de forma natural. Soy yo, teatro, dice el teatro, cuando quien lo hace se pregunta *qué estoy haciendo.*

DESARROLLO DEL EVENTO[3]

Se comenzará con la propia representación, esta misma, la que ahora mismo se está llevando a cabo, para avanzar mediante los ensayos posteriores hasta llegar a la idea que dará origen al trabajo ya realizado. Para llegar a esta idea original y primigenia, pero terminal porque con ella termina el proceso, se precisará de la colaboración de los espectadores, de ustedes, en cada una de las fases, desde el inicio (es decir, el resultado) hasta el final (es decir, el principio). Esta colaboración puede ser epistolar o como se quiera que sea.

En ningún caso se podrán dar ensayos u otro tipo de pruebas antes de la representación, y esta será un todo improvisado aunque diseñado mentalmente con anterioridad.

Planos, bocetos, esquemas de movimiento, y este propio texto, es decir, todo lo que ahora mismo estoy diciendo, serán los materiales para armar la arquitectura representacional de comienzo, un edificio mental que ha de ser deconstruido después y de manera paulatina, hasta llegar a los cimientos, semanas, meses, o años después de estos días de estreno.

---

[3]Explicación al público de este autoplagio de “La máquina onírica”, una acción llevada a cabo en 1989 y descrita en el libro *Escribir para la escena, hoy. Volumen I*. Libros de la Academia.

MURALLA DE CIRUELOS[4]

Al igual que están haciendo en África, en la sabana, y con la idea de que no avance más el desierto, la idea es crear una muralla de árboles para soñar (una especie de ciruelos silvestres que dan un fruto morado llamado bruño, muy jugoso y dulce, con el que preparar una mermelada de ensueño).

Estos árboles, de fácil adaptación en los lugares húmedos, pero resistentes tanto a la sequía como a los cambios de temperatura extremos, podrían rodear las ciudades generando un potente anillo onírico capaz de calmar las legítimas ansias de la población de "ver cumplidos sus sueños".

No sé muy bien por qué desconocidas razones sucede, la verdad, pero lo cierto es que la mermelada de estos frutos tiene una gran capacidad de transportar a quien la come a un frondoso jardín sin preocupaciones.

---

[4]Como parte del programa de mano, el autor entregará un ciruelo germinado, y en escena, al llegar a este punto, ofrecerá tostadas con mermelada a los asistentes.

HACES BIEN RECICLANDO

Has tirado toda la vida a la basura en los contenedores correspondientes. Tardaste 10 años en enterarte que el contenedor amarillo era solo de envases, no de plásticos; y luego te dijeron que es imposible reciclar los envases, que como mucho el papel, o como mucho el vidrio, pero los envases, los envases, no. Los envases se empaquetan y se mandan en barcos a otros países donde campan a sus anchas por el paisaje, libres.

Así que has vivido en el sueño del reciclaje al menos... 40 años, porque tienes que contar aquellos 10 en los que reciclabas pero sin tener en cuenta el color de los contenedores, con la idea de no quitarle el curro a los trabajadores que allí donde iba a parar la basura tenían por cometido separarla adecuadamente, y los 10 anteriores a estos, período en el que reciclabas sin saberlo, aprovechando los yogures como recipientes donde germinaban las bellotas que nunca plantaste por falta de tiempo.

40 años repartidos en una primera fase de esperanza difusa, una segunda de confianza en el ser humano, una tercera fase de activismo cromático, una cuarta fase de conciencia extrema, casi religiosa, y por último la fase del despertar y la rehabilitación, en la que ahora te encuentras, al igual que otras muchas personas adictas al reciclaje compulsivo.

Tenían que habernos quitado esa manía de cuajo (la de reciclar) y a tiempo, o al menos intentarlo, mediante campañas en las autopistas del tipo: "si estás cansado o tienes sueño, no recicles", pero no lo hicieron, porque eso hubiera significado tener que fabricar menos plástico. Es más, el reciclaje justificaba perfectamente el uso, y sigue justificándolo. No importa que todo esté plastificado (es decir, fosilizado), no tengas reparos a la hora de comprar productos con petróleo, no sufras de orofobia negra, calma, que todo está controlado; es más, comprando plástico ayudas a que la sociedad de consumo siga funcionando, y para ello no hay nada como ese plástico barato que usas que no va a parar a la atmósfera, ni a la tierra, ni al agua, porque se recicla (economía circular que dirían los expertos) en sus respectivos y misteriosos contenedores urbanos. Así que perfecto, sigue reciclando, y sigue soñando.

Además, qué más da, si cuando metes cualquier prenda en la lavadora lo primero que hace es soltar millones de partículas de nanoplástico; qué más da, si hay miles de millones de plásticos al aire libre, tapando cultivos y desintegrándose, y eso es inevitable, e incluso bueno para los tomates (en especial si el plástico es rojo); qué más da, si el plástico ya está en nuestros cerebros y al parecer provoca que perdamos mejor la memoria. Y el olvido, el olvido sí que es imprescindible para la vida, porque sin él tendríamos demasiados remordimientos.

Pero cómo va a evolucionar nuestra especie, dime, si no tiene motivos para hacerlo. El plástico no deja de ser, hoy por hoy, el principal catalizador, la primera causa de mutación en nuestros genes; es, no te lo pierdas, lo que nos ayudará a sobrevivir después de una hecatombe, porque será lo que comamos, más que nada porque no habrá otra cosa que comer, así que mejor tener el hábito.

Has tirado toda la vida a la basura en los contenedores correspondientes, y que sepas que has hecho lo correcto.

LA VIDA ES COMO UN LIENZO EN BLANCO

Y de pronto, cuando caminas por la calle deprisa, porque no llegas a tu destino, escuchas una frase suelta proveniente de una radio de las que todavía funcionan a pilas y se sacan a pasear para que retransmitan los resultados de los partidos: “Cada día es como un lienzo en blanco”, dice el locutor con la voz grave, serena, tal vez un tanto engolada. Y a continuación una señora a otra unos metros más adelante, con la voz quebrada: “Ya no somos jóvenes”. Y más adelante, la voz aguda y airada de una joven hablando por teléfono: “¡Déjame en paz! Ni siquiera te preocupas de mí”. Y luego otra, y luego otra, y muchas más voces, que junto con lloros, ladridos, ruidos de tráfico, el viento... componen una historia coherente compuesta por pequeños fragmentos sonoros, pero unitaria y consecuente, y que cada vez cobra más y más sentido...

Me paro, con la emoción de ver cómo el lienzo se llena de trazos rítmicos, he olvidado cual era en realidad mi destino.

RECUERDOS SON VISIONES

Cada vez que olvido mis gafas en alguna parte tengo que hacer memoria de donde están, y con el esfuerzo de andar rebuscando en el pasado inmediato, se activa siempre algún recuerdo remoto y olvidado. No comprendo bien el mecanismo, yo creía que los recuerdos lejanos y los recientes estaban alojados en compartimentos separados, y ordenados según la fecha de entrada en el cerebro, pero parece ser que esto no es así sino que una estantería de memoria puede albergar recuerdos de muy distinta época, como sucede en la estantería de una biblioteca cuando al terminar una letra al final del pasillo hemos de regresar al principio para comenzar por otra letra, pudiéndose encontrar libros que empiezan por letras distintas, uno encima del otro.

Esos recuerdos que se activan cuando trato de encontrar mis gafas llegan, esta es mi opinión, desde el subconsciente, de manera que todos vienen acompañados de un aura de ensueño, ¿serán en realidad sueños?

He tratado de forzar la llegada de estos recuerdos, pues tengo adicción a ellos porque me producen bienestar, perdiendo premeditadamente las gafas, pero no funciona, tiene que ser accidental, tengo que perderlas sin querer.

El otro día perdí las gafas, y no me vino a la cabeza ningún recuerdo antiguo, de esos que me vienen cuando las pierdo, por eso sé que no las voy a recuperar.

Ay, ahora lo comprendo. Las gafas aparecen gracias a esos recuerdos visionarios.

MORIR O NO

¿Alguna vez os ha pasado de quedaros dormidos al volante unos segundos, comenzar a soñar y al despertar seguir vivos?

LA MÁQUINA ONÍRICA

De niño, mientras mi padre me cortaba el pelo con esta máquina[5],
yo me quedaba dormido con los sonidos de sus dientes
y entonces él
me daba un pequeño golpe en la cabeza
que me despertaba.
Con cada golpe,
yo caía en un profundo sueño
pero este era un sueño con los ojos abiertos
que se abría como en un largo túnel
hacia el futuro.

---

[5]Máquina antigua de cortar el pelo.

LA LEVEDAD

No sé de donde arranca mi obsesión por la levedad. Sí sé (por si esto tuviera alguna relación) que uno de los sueños más antiguos que recuerdo consistía en caminar "flotando".

Me explico:

De camino al colegio donde estudiaba, y dado que siempre llegaba algo justo de tiempo, trataba de caminar lo más rápido posible, y esto hacía que levantara una pierna antes de que la otra tocara el suelo, de manera que era capaz de impulsarme en el aire de forma continua...

Algo así.[6]

Durante años, este sueño se repetía tantas veces y tan diferentes circunstancias que llegué a pensar que de verdad podía hacerlo, que de verdad podía caminar en el aire.

Aun hoy, a veces, sigo pensándolo.

---

[6]Aquí el autor hará una demostración en directo de cómo caminar en el aire sin tocar el suelo.

LA MÁQUINA ONÍRICA ORIGINAL

De las muchas máquinas oníricas que diseñé en esa época de primera juventud, en la que me encontraba atrapado en un mundo irreal producto de mi imaginación soñadora, en una especie de laberinto de ilusiones y quimeras, incapaz de poner límites a lo posible (o a lo imposible), etc., solo me quedan los planos de una de ellas.[7]

Un conjunto de piezas de chatarra, entre las que no podía faltar un ventilador, unas manecillas de reloj, o una bombilla, daban forma a una escultura preparada para que en su interior se tumbara el o la durmiente.

La máquina funcionaba autosugestivamente, es decir, se alimentaba de los propios deseos de soñar, de forma que inducía al sueño por acto de fe.

Como es lógico, la máquina no daba resultado alguno si quien pretendía soñar no creía que la máquina podía serle útil.

---

[7]Estos planos serán entregados al público a la entrada del teatro.

BIBLIOTECAS INVENTADAS

De aquella época de confusión entre los sueños y la realidad, si hay algo que resaltar es mi obsesión por idear distintos tipos de bibliotecas. Aún no existía Internet y el cielo de la noche estaba limpio, sin la basura electrónica que impide (en la actualidad) mirar las estrellas sin tener que discernir qué son estrellas y qué pequeños satélites artificiales para que podamos estar informados (en el amplio sentido del término). Es por eso que tenía sentido soñar con toda suerte de bibliotecas de Babel, proyectos arquitectónicos destinados a la catalogación de libros, tanto existentes como futuros, perdidos, imaginados, inéditos, manuscritos, objetuales o simplemente esbozados.

Las bibliotecas eran físicas, y por la tanto apasionantes, pues nacían con el espíritu de la pérdida, y también de la fuga: eran un lugar para perderse y huir de lo mundano, no solo con la imaginación, también com el cuerpo.

Con la aparición del universo virtual, su función quedó relegada a un espacio con olor a anticuario, y aunque todavía necesarias (seguramente más que las iglesias), lo cierto es que su digitalización será su enterramiento moral definitivo (esto no evitará que sigan existiendo de manera simbólica y con algo de vida). No tendrá sentido desplazarse para obtener un resultado que te llega a los dos segundos tras poner las palabras claves en la barra del navegador, si bien será difícil evitar que su marcada alma liberadora convierta el papel en mármol.

De aquellos tiempos de confusión surgió la idea de escribir un libro por día, para confeccionar, a lo largo de la vida, una gran biblioteca personal. Una especie de diario que en realidad era un *librario*, una sucesión de libros escritos a lo largo del tiempo... Tal y como he dicho: uno por día.

Como, evidentemente, no me veía capaz de terminarlos en tan breve espacio temporal, lo que hacía era escribir el título en la portada, y si acaso una reseña en la primera página (o en la última) indicando de qué trataba el libro, dejando el resto de las páginas en blanco, y a la espera de que otra persona, en otra vida, quisiera completar el contenido.

Ni que decir tiene que lo más complicado era encontrar libros en blanco y con una portada neutra, o fácilmente convertible en la portada requerida para el título preciso. Cuando encontraba uno de esos raros ejemplares, los encargaba por decenas, para evitar quedarme sin existencias.

Cuando en 2001 me dio por querer convertirme en editor fue precisamente para aprender a fabricar libros a mano totalmente en blanco.

A partir de ese momento, la mayor inversión temporal consistió en realizar esa manualidad de forma metódica, y sin saltarme ninguna fecha en el calendario.

Mientras enhebraba la aguja para coser las páginas, solía pasarme por la cabeza el dichoso título, aunque no siempre llegaba a tiempo: entre seguir enhebrando o buscar un lápiz, solía elegir lo primero.

Este es uno de estos libros:[8] Título: *La obra bien hecha.*

Resumen: Ensayo filosófico sobre la imposibilidad de considerar acabada cualquier obra de arte.

---

[8]Aquí el autor mostrará uno de ellos.

UN SUEÑO RECURRENTE

Este sueño recurrente consiste en imaginar que un tren pasa por una vía muerta. El sueño tiene múltiples variantes. Las tres más frecuentes son:

1/ Camino por la vía y de pronto lo oigo a lo lejos, pero el tren no llega. (Este sueño tiene a su vez otras posibilidades. Oigo el tren al otro lado de la montaña, pero por allí no pasa la vía).

2/ Me siento en una estación abandonada a esperar el tren, y de pronto pasa un tren muy rápido por una vía que jamás pasaba ningún tren desde hace años.

3/ Me subo a un tren que resulta que está vacío y que viaja por vías cubiertas por la vegetación.

4/ Me subo por equivocación a ese tren y cuando quiero bajar, las puertas se cierran, el tren se pone en marcha y me lleva a un país extranjero.

En relación a las vías muertas no sé lo que significan.

PUBLICIDAD

La publicidad ha dejado de vender cosas
para comprar conciencias.
¡No veas la tele!
¡No leas los periódicos!
¡No entres en Internet!
Pero busca la manera
de conectarte.

HIPNOS

Hipnos la personificación griega del sueño vivía en una cueva oscura en la que no entraba ningún rayo de sol. A la puerta de la cueva crecían las amapolas. Alejado del mundo consciente, Hinpos era el guardián de los sueños.

Cuenta la leyenda (una de las muchas que se han escrito sobre este dios) que desde que Hipnos desapareció en en fondo de su propia cueva, los sueños andan sin control por el mundo, y con frecuencia son esclavizados.

GAZA

Sigo sin saber qué sueños invaden
las cabecitas
de la infancia en Gaza
y cuántos de esos sueños son arrojados
en paracaídas
para que sea posible soñar
también en Rafah
antes de que las tropas
de élite sionistas
que tanto emocionan a Europa
por su sabiduría bélica
–no confundir con moral–
decidan enterrar con vida
los cuerpos
todos los cuerpos que allí habitan
–cuerpos pequeños y grandes–
–cuerpos viejos y jóvenes–
sin dar oportunidad a que sus sueños
puedan alcanzar
de una certera
pedrada
nuestros sueños
y nos invoquen

a extender el clamor
por las calles de Europa
hasta conseguir detener
los asesinatos en masa.
A no ser
a no ser
a no ser a no ser
que la vida de esos cuerpos que vamos a ver
desaparecer ante nuestras miradas
de reojo
mientras hacemos que vemos
pero no vemos
–esos cuerpos todavía calientes–
–y que se cuentan por cientos de miles–
–y que respiran el mismo aire que tú y que yo–
en realidad
no nos importen
demasiado
y mucho menos sus pobres sueños
–sueños recogidos de entre las ruinas–
–sueños que se confunden con un holocausto en directo–
–sueños que resistieron los ataques brutales del odio–
–sueños con hambre–.

SOBRE CÓMO ALCANZAR EL PRECIPICIO CUANTO ANTES

Hay sin duda que correr al supermercado a comprar
todo tipo de productos básicos
para prepararse
contra el agotamiento de recursos
y la llegada de un colapso
repentino
causado quizá por el metano
que desprende el permafrost
en Siberia
o la quiebra del hielo en la Antártida,
o la soberbia de psicópatas lunáticos
diseñadores de refugios
nacionales
y otras teorías de cómo destruir y autodestruirse
siendo el pueblo elegido,
pero no te sientas culpable
cariño
de almacenar a lo loco
todo tipo de cosas
imprescindibles:
cepillos de dientes,
gomas para el pelo

y suelas para los zapatos,
y muchos sombreros,
no te olvides,
que hará tanto sol
que ni los árboles solitarios
podrán proteger
sus raíces.
Pero no te sientas culpable,
por favor,
porque hagas lo que hagas la suerte ya está
echada
y el destino liberado
de responsabilidad mundana.
Hagas lo que hagas
otros harán por ti
lo que deben,
otros dejarán que todo siga funcionando
como hasta ahora
hasta el día en el que el precipicio
se acerque
sin necesidad de dar un paso,
pero tú corre, mi amor,
corre
corre
y llena la despensa de
toda clase de cosas

necesarias
para ese kit de supervivencia
que te salvará
llegado el caso.

ANUNCIO EN LOS MEDIOS[9]

SE BUSCAN PERSONAS QUE QUIERAN DESPRENDERSE DE SUS SUEÑOS

[9]Ver nota en página siguiente.

Mensaje aclaratorio del anuncio:

Julio Fer :

El propósito del juego consiste en dar final a un sueño recurrente, o a un sueño sin salida, sin porvenir; partiendo de la premisa de que al narrar este sueño, al darle un sentido, acabamos con él.

Se admiten todas las acepciones de la palabra "sueño", pero hay una condición: que realmente exista una necesidad de desprenderse de ellos (por algún motivo que no se desvelará) (desprenderse ≈ olvidar).

Al recibirlos, actúo como ser contingente (podéis obviar mi existencia, y desde luego mi respuesta), pero me cedéis el derecho de que pueda hablar de vuestro sueño en público, asunto que puede que suceda (o no).

Si en los días de las funciones (estoy hablando de *Soñar al borde del precipicio*) asistís a alguna de ellas, me gustaría poder hablar con vosotros/as alrededor del minuto 43 (no me preguntéis por qué, había que hacerle un hueco a esto en la partitura).

En todo caso, vuestros sueños quedarán almacenados y formarán parte de una especie de singular cementerio del cual solo veremos los signos que se sitúan en la superficie (y vuestras palabras), el resto seguirá formando parte de la materia oscura de lo íntimo.

Hay dos formas de envío: audio o texto, preferiblemente esta última, porque suele tener una mayor elaboración poética. Me tenéis que poner como destinatario, aunque no me nombréis. Es solo para que el material me llegue.

Buenas noches.

DE NUEVO, LA LEVEDAD

La levedad no es un atributo del que sentirse orgulloso salvo que nos sirva para escapar de forma temporal de la gravedad (cuando esta se convierte en un hecho insoportable). La levedad nos conduce al territorio de lo etéreo, y ahí habita la imaginación, y los sueños, pero la falta de contacto con el suelo causa una suerte de abstracción en la que nada puede ser medido.

Mi piedra en la espalda es enorme[10] y esto me obliga a comparecer en la tierra y a no ser ya más un ángel como hasta ahora había sido. Ese ángel que caminaba a la par de los soldados heridos ya no está. Mi misión es otra en estos momentos. Mi misión no es otra que arrastrar el peso hasta no poder más, mi propio peso, para tomar consciencia del lugar por el que camino.

Hace poco escuché a un príncipe que había participado en una guerra decir que mataba soldados enemigos desde su flamante helicóptero pensando que se trataba de simples peones de ajedrez en una partida de ajedrez virtual.

No hay deshumanización, ni tampoco cosificación, lo que existe es una desmaterialización del mundo. Lo virtual ha triunfado y eso lo que significa es que el triunfo de la levedad absoluta es, de manera redundante, absoluto. Ha vencido lo intangible. Y lo peor es que no hay abrazos capaces de sujetarnos materialmente los unos a los otros frente a esta victoria.

---

[10]Esta piedra que se coloca el autor a la espalda tiene por objetivo no permitirle levitar.

También la levedad es eso: ausencia de gravedad entre la materia que conforman los seres. Los seres no se encuentran porque no existen, y por eso es tan fácil eliminarlos.

Yo, llevo a la espalda esta piedra porque no me puedo permitir levitar bajo ningún concepto.

ENSAYO SOBRE LA GRAVEDAD

Con el paso de los días, me he ido acostumbrando a la nueva realidad. Y no me refiero a mi nuevo estado corporal sino a la percepción de la realidad en sí, en apariencia cada vez más ligera y sin peso.

Salgo de casa, cojo el automóvil y me dirijo a una gasolinera para llenar el depósito en previsión de que los precios suban. No tengo en cuenta lo que me gasto en el trayecto de ida y vuelta, pero al menos “veo mundo”, me digo. Cerca de la gasolinera *low cost* atisbo un control de la guardia civil. En mitad de la carretera hay instalada una especie de barrera de casi un metro con afiladas ramas de árbol y alambres de espino. Doy un frenazo y paro en seco justo antes de que las ruedas de mi vehículo sean alcanzadas por la trampa del inesperado control. Uno de los guardas civiles me saluda con un gesto mecánico y a continuación se dispone a medir (¡con un metro de carpintero que despliega para la ocasión!) la distancia existente entre donde estoy y el principio del frenazo. La segunda parte de la pareja de guardas civiles, una llamativa mujer de ojos verdes, me comunica el tiempo de la frenada: 10 segundos. Ahora hay que esperar a corroborar la distancia para saber con exactitud la desaceleración efectuada. Mientras espera a su compañero le echo una rápida mirada a su traje y no puedo evitar imaginar lo que hay dentro. No dudo de la peligrosidad de ligar con una mujer armada, un arma es un arma, pero con treinta o cuarenta años menos, seguro que le pedía el teléfono para quedar y lo que sea, lástima que soy un viejo perro verde y no puedo esperar a tanto.

Su compañero regresa, no sin disimular un cierto dolor de espalda, seguramente fruto de tanta medición a lo largo de la mañana. 50 metros, le comunica a la que, estoy seguro, es su superior en el mando. Y ella hace un cálculo a mano en una libreta de cuadraditos pequeños que me recuerda a las del cole de toda la vida. No sé cómo es la ecuación que está desarrollando pero su lapicero se mueve con agilidad matemática sobre el papel dando a entender lo complicado que resulta su trabajo y la importancia que tiene.

Todo correcto, me dice al fin, y ordena a su subalterno retirar las ramas y los alambres. Puede usted circular.

Yo le doy las gracias y arranco mi vehículo. Me quedo con la duda sobre la razón del rudimentario sistema empleado. Tendría que haberlo preguntado. Aunque es obvio que si no disponen de radares electrónicos es por la escasez de microchips en el mercado tanto tiempo anunciada. Pero de pronto caigo: hoy es 16 de enero, día de la escritura a mano. Este día, como todo el mundo sabe, se debe potenciar el no uso de la electrónica en favor de los lápices, que con tanta pasión y durante décadas nos ayudaron a mantener un cerebro sano. Y al momento ligo esta reflexión con la confusión entre ligereza (causada por la velocidad) y ligereza (como motor de pensamiento). Sí, una y otra no tienen nada que ver. La primera se frena como lo han hecho las autoridades en tráfico vial: con una simple barrera vegetal. La segunda se desarrolla con un humilde lapicero.

¿Pero qué hago yo escribiendo esto por aquí?

Tranquilo, hoy no es 16 sino 15. Y por eso lo escribes en sueños, para no tener que hacerlo mañana y no tener que romper así tu compromiso de escribir todo a mano.

SOÑAR AL BORDE DEL PRECIPICIO

Es un sueño alegórico, el de correr y llegar al borde de un precipicio que se abre en el horizonte. Un sueño al que me enfrento sin saber si realmente podré aceptarlo cuando se materialice. Es un sueño paradójico, el de correr y asomarnos al borde de un precipicio que se abre en el horizonte. Un sueño premonitorio que anuncia un momento que ha de llegar, que sabemos que llegará tarde o temprano y al que nos enfrentamos con su propio anuncio, sin saber si realmente podremos aceptarlo cuando se materialice.

Soñamos porque los sueños nos liberan de la carga física y emocional de la vida, de manera que en ellos surgen situaciones tan inverosímiles como reales: su lógica interna no sigue un plan definido y consecuente, tal vez ni siquiera podamos hablar de lógica, sino de sucesos que siguen sus propios impulsos, y que nuestro cerebro produce pero no controla.

"Cambio redes por sueños" es el letrero que apareció un día a la orilla de un río. No sabría decir si se trata de un recuerdo o un sueño; a veces, el recuerdo de los sueños nos lleva a la confusión, y con el tiempo llegamos a creer que imágenes soñadas fueron, en realidad, imágenes vistas. No en vano, los ojos siguen activos en nuestros sueños, podemos ver dentro del sueño y solo un despertar repentino nos revela esta confusión.

Cambiar redes por sueños, cambiar las relaciones sociales por otras más vívidas y emocionantes. Quizá, en un futuro sin redes virtuales, porque ya no las necesitemos, se imponga la moda de construir sueños artificialmente. Para eso es preciso dormir, dormir mucho, y permitir que mientras durmamos una máquina, o un procesador de inteligencia onírica (en adelante IO) nos inculque sueños y más sueños en las consecutivas fases REM.

El nuevo imaginario colectivo que surgiría a raíz de este invento se alejaría de los problemas mundanos, pero al menos sería coherente con los nuevos acontecimientos que una y otra vez negamos, a pesar, eso sí, de contemplarlos o de ser testigos en silencio de su vertiginoso desarrollo. Por fin, los sueños con precipicios podrían ser sustituidos por otros más amables, y esto, al menos en mi caso, sería un bálsamo. Quiero soñar par ser feliz, no lo contrario.

Las guerras, la desaparición de los derechos o la crisis climática, o todas a la vez, pues todas las circunstancias terribles que sacuden este mundo comienzan a estar íntimamente ligadas, son disparates que precisan del silencio global y que no pueden estar presentes en el nuevo eterno sueño calderoniano, en el que la ensoñación al mismo tiempo nos ata como nos libera. Nos ata como individuos incapaces de escapar a las creencias y nos libera de sufrir la angustia de pensar sobre el abismo.

Casi al borde del precipicio, resulta que las temperaturas en tierra, mar y aire siguen disparándose. Los 21,12 grados registrados como media en los océanos de nuestro planeta, las olas de calor en pleno invierno, o los datos que apuntan a que la corriente del AMOC[11] podría detenerse en cualquier

[11]AMOC son las siglas que designa "La circulación de vuelco meridional del Atlántico". Se caracteriza por un flujo hacia el norte de agua cálida y salada en las capas superiores del Atlántico, y un flujo hacia el sur de aguas más frías y profundas que forman parte de la circulación termohalina. El debilitamiento de esta corriente está documentado científicamente y es debido cambio climático.

momento, son como un anuncio apocalíptico del que, sin embargo, poca gente habla, quizá porque nos hemos acostumbrados a hablar solo sobre lo que nos dicen que sucede, sobre aquello que dicen que dicen que está sucediendo, y resulta que todos estos datos, según dicen que dicen que dicen no existen, o mejor dicho: sí existen pero solo en la cabeza, o en los gráficos, de algún que otro científico loco.

A tal punto ha llegado nuestra capacidad de soñar que es como si no fuéramos capaces de percibir por nosotros mismos que el problema está ahí, a pesar de que su gravedad es tal que atañe a todas las personas, a todas las especies, a todos los biomas, a todo.

Cuando llegue la IO[12] para darnos alivio y entretenimiento, será fácil su implantación, pues hace tiempo que vivimos en un sueño paradójico: sabemos que estamos despiertos pero actuamos como si estuviéramos dormidos.

¿Es que no hay nadie que sea capaz de dar un golpe en la mesa y despertarnos? Es posible que para eso haga falta otro impulso. Resulta que quienes más duermen, en colchones de plumas de aves exóticas capaces de alargar la vida en sueño hasta límites posthumanos, son quienes deberían reaccionar primero, no solo por ser los máximos responsables de lo que está pasando, sino porque en juego también está la viabilidad de sus empresas más rentables.

Pero ellos actúan como el rey Basilio de Polonia, quien encarceló a su hijo por temor a que las predicciones se cumplan. Encerrando y narcotizando a las sociedades, los círculos de poder se sienten tranquilos, a pesar de que en el fondo saben que el destino es destino porque siempre se cumple. En nuestras celdas, podemos reflexionar sobre el

---

[12]Inteligencia Onírica.

sentido de la vida, e incluso escribir artículos como este, pero jamás seremos un peligro y jamás pondremos en duda la verdad retransmitida, aquella que sigue afirmando que el rey desnudo en realidad está vestido, no ya porque no lo veamos sino porque, dentro del sueño, vemos solo lo que necesitamos ver.

Lo que queda por dilucidar es, si como le pasó a Segismundo, al despertar nos convertiremos en seres fieros y desesperados.

LA SOLUCIÓN ES DORMIR

Fue no hace mucho que me quedé perplejo ante una pintada en una pared que decía: *la solución es amar*, aunque yo leía *la solución es dormir* (por culpa de mi miopía). Desde entonces no he parado de reflexionar sobre la importancia de soñar justo cuando más despiertos tendríamos que estar; de hecho, esta idea no se me va de la cabeza. En sueños, estoy dentro de una guerra, real o de videojuego, no sé cómo distinguir lo uno de lo otro. Corro desesperado por entre los edificios en ruinas junto a otros soldados, mientras escucho el incesante ruido de las explosiones. Alcanzo un descampado, ahora estoy a tiro de dron, a tiro de misil o dios sabe qué tipo de tiro. Me tumbo boca abajo, me hundo en el barro y me duermo. Soñar dentro del sueño es la única salida. Me apresuro a soñar lo antes posible, consigo abrir la puerta que da a otros sueños, pero no logro pasar, soy demasiado ancho, mi cuerpo ha engordado. Me despierto. Me pregunto: ¿Qué soñarán los niños gazatíes cuando son bombardeados? Y de pronto, una luz: el problema sigue siendo la propiedad. Hace decenas de miles de años que aprendimos a ser propietarios de otros seres. Bastó con aprender a cazar. Desde entonces, el camino no ha sido otro que una conquista incesante de Todo. La cuestión es, ahora, que el Todo se acaba, que el Todo se acaba. No hay más que una extensa planicie de implacable desierto a nuestro alrededor. Miles de millones de personas sufriendo de soledad y deseando soñar, deseando soñar para escapar del colapso anunciado. ¿Y tú? ¿Cuáles son tus sueños?

LA INSISTENCIA DE LOS ALGORITMOS

Si en una Red social te paras un par de segundos a mirar un vídeo, el algoritmo detecta esta pausa y la próxima vez aparecerá otro similar cuando menos lo esperes. Si en esta segunda ocasión vuelves a detenerte, el algoritmo no dudará en insistir. Y si ya, por tercera vez, caes en la tentación de mirar con curiosidad el contenido, aunque sea de forma fugaz, te verás atrapado durante mucho tiempo por ese determinado tipo de imágenes en movimiento.

Esto es lo que me pasó con los edificios derrumbándose.

No sé cuándo empezó todo, pero en algún momento de la vida ocurrió que, delante de mis ojos, al mover el dedo hacia abajo en la pantalla de un móvil, un gran edificio se vino abajo. No pude retirar la mirada, tampoco en la siguiente ocasión que, por sorpresa, se produjo un acontecimiento similar, ni tampoco en las ocasiones que siguieron.

Desde entonces, la información circula pareja a los derrumbes, no hay noticia que al tratar de darle sentido no venga acompañada del ruido y el polvo de un rascacielos rompiéndose con gran estrépito. No sé qué hay detrás de este tipo de imágenes, ni tampoco qué productos pretenden venderme. Lo que sé es que incluso en sueños las construcciones caen a plomo después de implosionar los cimientos, y esto me causa una gran inquietud, porque no sé cómo interpretarlo. Me entra la duda de si no serán señales de otro tipo de derrumbes.

CASTILLOS EN EL AIRE

Por favor...[13]

¿Podríamos proyectar la imagen de un edificio derrumbándose?

(...)

¿Lo ven? Continuamente construimos castillos en el aire para más tarde dejar que se derrumben, o como sucede en el ejemplo, detonarlos.

Así es nuestra especie (al menos desde que tenemos memoria como especie). Lo cual tiene una ventaja: da sentido a la arqueología, da sentido a la búsqueda y hallazgo de los restos de esos castillos.

Y ahora qué, ¿cuál es el último sueño que nos salvará aunque no queramos salvarnos?

¿La eólica? ¿La fusión nuclear? ¿Las mareas? ¿Nuevas e indestructibles placas solares?

No.

El biogás.

Sí, el biogás. En los medios de comunicación no se habla de otra cosa, de cómo el biogás podrá sustituir al gas natural en un futuro (nótese la diferencia entre natural y biológico), pudiendo convertirse en una fuente de energía barata y capaz de cumplir con los objetivos de descarbonización planteados para salvar el planeta, quiera el planeta o no quiera.

---

[13] A la persona encargada de conducir técnicamente la función.

Por si fuera poco, el biogás tiene infinitas ventajas, como por ejemplo favorecer el empleo en las zonas rurales (en las que solo se podrá vivir con una pinza en la nariz, pero esto es un problemita sin importancia).

¿Pero qué es el biogás?

El biogás, o gas procedente de la mierda, se aprovecha de la creciente industria de porcino... Espera, ¿me estás diciendo que van a tener que abrir miles de millones de granjas de porcino para alimentar las centrales de energía?

Sí, algo así como en la película *Mad Max,* pero a gran escala. Pero no te preocupes, que los cerdos alguien se los comerá.

No, no me preocupa la carne de cerdo, lo que me preocupa es cómo se van a alimentar esos cerdos.

Como siempre, un trocito de selva tropical por aquí, otro por allá...

Vamos, que va a quedar poco verde que pueda realizar la fotosíntesis.

Sí, pero la descarbonización es el objetivo.

¿Y cuando no tengamos cereales para alimentar los cerdos?

Aprovecharemos la basura de las ciudades, y si no es suficiente, desbrozaremos o talaremos bosques inútiles que puedan surtir de materia orgánica biodegradable.

Ya veo que todo lleva el mismo camino.

Eso sí, las instalaciones deben estar bastante bien selladas, e incluso los camiones que transportan la mierda de un lado a otro, por no hablar del digestato, el residuo que genera la transformación de residuos...

¿Por qué?

Con tanto metano en la atmósfera, el clima podría degradarse muy rápidamente. Es un gas con una capacidad letal en lo que se refiere al efecto invernadero.

Todo esto huele muy mal, pero que muy mal, no me digas lo contrario.

EL MARTILLO DE TRAMOYISTA

Se trata de un peculiar martillo, único en el mundo, de una época en la que para trabajar en el oficio había que tener un martillo así, como este; y que fabricaba a mano un artesano que vivía en Albacete, a partir de trozos raíles de tren.

Este hombre lo que hacía era tallar un pedazo de hierro templado proveniente de una vía de tren por la que seguramente habían circulado miles y miles de trenes con su pesada carga (de ahí la resistencia y dureza del material) hasta conseguir una forma inigualable de martillo, con la cabeza ligera y unas grandes orejas, ideal para clavar y desclavar puntas del 7 con una sola mano (mientras con la otra te sujetabas a los bastidores cuando escalabas por ellos para montar o desmontar piezas en los decorados).

El mango se realizaba a partir de un palo de encina, muy ajustado a la cabeza, y largo (para alcanzar puntas extendiendo el brazo), de tal manera que en su conjunto podía decirse que se trataba de una herramienta perfecta para el cometido al que se sometía.

Compré este martillo de tramoyista (que ahora utilizo para clavar zapatillas al suelo para frenar mis impulsos de andar en el aire) a un tipo a punto de jubilarse por un precio altísimo para la época, pero su adquisición me permitió realizar uno de mis sueños: poder trabajar en los teatros donde aún se hacían trastos de madera y se clavaban las escenografías al suelo una vez que se levantaban como velas que se izaban en medio del escenario.

Me contaba aquel maquinista viejo que me vendió el martillo que los teatros se parecían tanto a los barcos que poca diferencia había entre la tramoya naval y la tramoya teatral, pero lo cierto es que aquel tipo vivía en un pasado del que apenas quedaba nada. Ya entonces, cuando me vendió el martillo, los teatros habían dejado de oler a madera y polvo, ya entonces los telares, las cuerdas y los carretes, habían comenzado a estar en desuso, sustituidos por simples motores, ya entonces el foso había dejado de tener la función de ser infierno, ya entonces el poliespán o el contrachapado de okumen habían desplazado al papel de los telones, ya entonces no había telones que levantar, ya entonces los martillos habían dado el paso a las autónomas recargables, y las puntas del 7 reutilizables cedían su lugar a los tornillos de latón de usar y tirar.

Mi martillo tiene una pequeña calavera incrustada, porque aquel tramoyista viejo del que hablo, le gustaba abordar los teatros para tomarlos como vivienda durante un tiempo.

Yo, también, llegué a vivir en los teatros, en los teatros viejos. Hasta que murieron.

En realidad, lo pienso ahora, nunca me interesó el teatro como ficción, sino como lugar, como lugar físico y real, y sin embargo protegido de la común realidad.

EL SOMBRERO

Me contaron la siguiente historia:

«Acudí a una renombrada psicóloga en cierta ocasión. Lo hice empujado por una necesidad de comprender qué le pasaba a mi cuerpo, de dónde venía esa sensación de no encajar en ningún sitio, ningún grupo, ningún trabajo, ninguna afición, ninguna pasión, ningún ideal, ningún molde, y si eso tenía que ver con cuestiones tan físicas como tener palpitaciones durante la noche o querer salir corriendo en mitad de una calle llena de gente.

La psicóloga, una mujer de voz melodiosa y aspecto cándido, y que entonces tendría la edad que ahora yo tengo, me pidió que le mostrara un dibujo de un sueño, y yo, en la siguiente visita le llevé la pintura de un sombrero. Un pequeño cuadro con fondos grises y con un sombrero en medio, semejante a los que yo usaba entonces.

Ella me explicó el significado: intentas proteger tu subconsciente del frío exterior, de la falta de sensibilidad que percibes y de la ausencia de amor; en estas condiciones, tu sombrero es lo que hace que no te sientas agredido.

Regalé el cuadro a la psicóloga, y en la siguiente consulta me despedí.

Tenía la respuesta que necesitaba.

Pero eso no significó que pudiera encontrar de inmediato una solución a la angustia que me oprimía casi de continuo.

Han pasado muchos años de aquello, más de treinta, ya no uso sombrero, me he convertido en una persona tranquila, capaz de controlar mis emociones, y a pesar de seguir teniendo la sensación de que no encajo en ningún sitio, lo he aceptado con normalidad e incluso he podido ser feliz a pesar de ello.

A veces, tengo la impresión de alcanzar con la punta de los dedos eso que decía aquella mujer que debía buscar para salir del laberinto.

Quizá, sin darme cuenta, lo haya encontrado, quién sabe.

Hace poco, viajé hasta la ciudad donde se situaba aquella consulta. Entré en el edificio. Subí hasta el tercer piso. La consulta se había modernizado, pero seguía teniendo ese aire de clínica freudiana especializada en excavar en lo más íntimo.

Pregunté por la sala de la doctora M. F., pues recordaba perfectamente su nombre y apellido.

La recepcionista negó con la cabeza. Seguramente se jubiló antes de que yo entrara a trabajar aquí, me dijo.

Yo señalé la puerta de su despacho.

Ahí se encuentra la psicóloga B. G.

¿Podría hablar con ella un momento? Será solo un segundo.

Al entrar al despacho, vi el cuadro expuesto en la pared de enfrente.

Me presenté. Ese cuadro lo pinté yo, le dije.

Lleva aquí mucho tiempo.

Si mira por detrás del lienzo verá que está firmado con mi nombre, y que hay una fecha, se la puedo decir si quiere.

La psicóloga me miró con asombro.

Tiene que saber que su cuadro está ahí porque nos es de gran ayuda a la hora de hablar con los pacientes.

¿Ah sí? ¿Un simple sombrero?

Un simple sombrero.

Me deja de piedra.

El cuadro se titula “sueño”».

PINTAR DORMIDO

Otro asunto: Cuando estoy una temporada larga sin pintar, me da por pintar en sueños. Así que me paso la noche pintando. Para mí, la pintura ha sido siempre muy visceral, y en sueños aún más. Cuando pinto en sueños, hay una enorme descarga de materia oleosa sobre los lienzos.

¿Que cómo lo sé si la mayoría de los sueños permanecen sin ser recordados?

Pues porque cada vez que pinto en la cama, de noche, y dormido, me levanto empapado de sudor, de tanto esfuerzo.

Además, aunque pintando en sueños trato de apurar bien el tiempo, y por eso pinto sin parar, las fases REM duran lo que duran, no más de 20 minutos, y no es suficiente que trate de alargarlas todo lo que pueda (inconscientemente se sobreentiende). Siempre me quedo corto, así que cuando llega la última de las fases, ya por la mañana, sigo si poder terminar el cuadro que empecé al acostarme, y es justo entonces cuando suena el despertador, y es por esta razón que puedo recordar con nitidez que me he pasado la noche pintando, y asociar así el sudor con la actividad artística de toda una noche.

Después de despertar, permanezco un par de minutos tumbado, antes de levantarme, y con un lápiz le pongo nombre al cuadro que durante la noche estaba pintando. Y guardo el nombre en un cajón, el cajón de los cuadros soñados.

A veces, el cuadro que pinto por la noche es aquel que dejé inacabado en otro sueño, pero en vez de comenzarlo donde lo dejé, suelo empezar a pintar más atrás, casi al principio.

ANTES DE ENTRAR AL TEATRO

Inciso:

Antes de entrar al teatro, el publico debe calentar. En sentido físico y mental.

Es por ello que el autor de la pieza tiene la obligación de advertir a las personas que se acerquen para participar en la pieza como espectadores que realicen algunos ejercicios de estiramiento muscular y neuronal.

Pequeñas acciones simples como abrir los poros de la piel, relajar las axilas o dejar el pensamiento en rojo vivo, pueden ayudar a obtener una mejor recepción espectacular.

PASTILLA AZUL, PASTILLA ROJA

Esto pasaba en *Matrix*, una de las dos te llevaba al mundo virtual y otra a lo real.

En la actualidad, el número de pastillas ha aumentado, pero en cuanto a colores, solo hay uno: el verde.

Eso sí, con todos sus matices.

MOSQUITOS DEL SUEÑO

Ahora resulta que están investigando cómo modificar genéticamente los mosquitos para crear supermosquitos con fines bélicos. Ya lo que nos faltaba.

Los mosquitos dejan dormidos *ipso facto* a los combatientes convirtiéndolos en fácil presa de los proyectiles y otras cargas explosivas.

Las tropas enemigas se ven obligadas a trabajar con mosquiteras de cuerpo entero, lo cual es muy incómodo, porque los mosquitos están preparados para introducirse por cualquier intersticio entre la piel y las telas.

Se cree que esta es, en realidad, la primera fase de un proyecto más ambicioso consistente en sumir en el sueño a sociedades enteras.

La pregunta que viene ahora es si realmente era preciso.

DELIRIO

No sé cómo pero sucedió de pronto, o tal vez venía sucediendo, no siempre nos damos cuenta de cómo el aire, cada vez más enrarecido, nos atrapa en una especie de misterio, para más tarde abrirse a la luz disimuladamente, como si el delirio fuese algo circunstancial y pasajero, cuando en realidad siempre deja posos, que se acumulan en alguna parte de lo real, que van calando en la memoria colectiva, que van mordiendo la esperanza poco a poco.

Te dije: el mundo está cada vez más loco, y tú te echaste a reír porque llevas repitiéndome desde hace tiempo que no es normal tanto tráfico de aviones por el cielo y que esto no puede ser otra cosa que una señal, una mala señal. Y yo me quedo quieto, no sé qué responder. No tienes por qué abrir la boca, añades, no hay nada que podamos hacer, mira el termómetro, nunca en invierno hubo tantas amapolas en los campos, mira el termómetro, nunca las golondrinas regresaron tan pronto, mira el termómetro, ¿cómo pueden decir que hace buen tiempo?

Disfrutemos de lo que queda, somos parte de ese porcentaje mínimo que consume el ochenta por ciento, no sé si exagero, y eso que yo no compro ropa desde hace mucho porque nunca sabes de dónde viene. Disfrutemos todo lo que podamos, aun a sabiendas de que todas las cosas llevan sangre en su interior, la derramada por las víctimas que sin ofrecerse son elegidas para que los barcos sigan su rumbo, repletos de contenedores con números grabados en el fuselaje.

En Texas, al parecer, no queda una sola persona cuerda, hasta los recién nacidos suspiran por una escopeta, ya sea de verdad o de juguete, y esto que allí sucede podría acabar sucediendo en cualquier parte del mundo. La epidemia avanza con su espesura y se extiende, sobre todo, entre los mandos de alto rango, afectados por trastornos de genocidio, egolatría y alteración cognitiva compatible con brotes psicóticos. Si a uno de estos lumbreras le preguntas qué es la guerra te dirán que una App de Google. Y algo de razón tienen, nada escapa al control de los metadatos, tal es el grado de rasterización, tal es la sutileza de los algoritmos, que las secuencias lógicas, desde un punto de vista aristotélico, convierten el futuro cercano en algo absolutamente previsible, justo antes del abismo predecible, ese que cuando llegue nos pillará en el otro barrio con algo de suerte, y no me vengas con el cuento de que no podemos dejarlo todo perdido para que generaciones posteriores, bla, bla, bla... Las generaciones venideras que se jodan y que trabajen por un mundo mejor, si es que pueden, y si no, que no vengan al mundo, que el mundo es lo que hay, punto.

No me gusta tu sarcasmo, me reprendes, al tiempo que me miras con los ojos muy abiertos, intentando escudriñar en el origen mi tristeza. Ojalá pudiera responderte, ojalá pudiera defender con un discurso claro y directo el delirio positivo, frente a ese otro que se ejerce mediante sombras y que pretende hacernos prisioneros en la gran caverna en la que se ha convertido lo visible, con sus pantallas multimedia capaces de aplanar la imaginación hasta transformar el espacio en una línea recta que va desde el vacío absoluto a un inexistente infinito. Ojalá pudiera expresar con palabras lo que sueño día y noche de forma latente, subconsciente, en silencio. Ojalá pudiera dibujar ese pedazo de iceberg a la deriva en mitad del océano, empujado por las corrientes, que se desplaza despacio antes de deshacerse por completo, y que no es otra cosa que el delirio que se ha instalado en mi vida de forma permanente y que me obliga a pensar dentro de un gerundio onírico de puertas abiertas, sin anclas, sin baremos. ¿Te he dicho ya que te quiero? Sí, me lo dices siempre cuando regresas de tu homérico viaje por los veloces monólogos internos, esos que te dejan tan exhausto que durante días no haces otra cosa que darle vueltas a los libros polvorientos de una biblioteca en desuso, buscando una fábula que te tranquilice. El amor es un tesoro que está en el corazón de las montañas, pero no se puede llegar a él sin abrir túneles, me dices. Quizá tengamos que dejar de amar, te respondo, para que las montañas sigan existiendo, tal vez el desamor sea lo único que nos une, tal vez la nostalgia, tal vez la añoranza, la saudade, la morriña, la melarchía, la murria, el abatimiento, la pesadumbre, la cuita, la carcoma, el desazón, la comezón, el desasosiego, no sé si dejo alguna de esas viejas palabras en el campo semántico sembrado de centeno, mientras haya desamor habrá anhelo, mientras haya desamor habrá deseo, mientras haya desamor existirá la lucha, mientras haya desamor soñaremos con amar, y en este delirio, y en este delirio, y en este delirio, puntos suspensivos.

SUEÑOS INDESEADOS

Soñamos con materias primas que nos permitan soñar
en un planeta donde la escasez
y la esclavitud son norma
(¡a sus órdenes, mi Capital!)
Sueños de cobalto
y tierras raras
sueños que terminan en canales
de pornografía casera y barata
Sueños que roban sueños
de otros seres menos seres
Y qué decir más sobre el tema
que no esté dicho
y que no sepas
Millones y millones de minutos
de rápido placer
conseguido
con pico que pica la roca
rica en datos
(malditos datos)
para un estilo de vida rápido
todo lo rápido que podamos
para escapar de lo que fuimos
para no tener que ser lo que deseamos

y dejarnos llevar por la inercia
del volátil mercado
Soñar es un verbo impreciso
que no define nada nuevo salvo la distancia con lo real
y apenas eso.

ANTIFACES PARA EL SUEÑO

Les voy a pedir un favor.

Pónganse los antifaces que les entregaron a la entrada.

Les aviso que deben estar 3 minutos con los antifaces puestos.[14]

No verán nada, pero soñarán, lo prometo.

No se inquieten, no les transportaré a ninguna pesadilla, será un sueño seguro, lo juro.

---

[14] En los tres minutos descritos, el autor leerá el poema "Poema con olor a manzana" y a continuación realizará la acción "Pluma atravesando sueños".

NO QUISIERA HABLAR TANTO DE MÍ

A pesar de ser la persona que mejor conozco
(puedo presumir de ello).
No quisiera hablar tanto de mí
porque lo único que me sale
es espuma por la boca
y nostalgia de 98º
como el alcohol
que podría ser absoluto
pero solo es puro
porque siempre lleva algo de agua,
y a veces lágrimas.
De hecho, si hablo es porque no tengo a mano
más referencias contrastadas
que la experiencia vital
pero ojo,
que no estoy diciendo nada que surja de lo vivido
en sentido documental
o en cualquier otro sentido
que nos lleve al teatro documento.
No, yo solo invento,
invento mi pasado,
invento a falta de memoria
exacta,

y por lo tanto no trato de que me crean,
ni de hacer pedagogía del oprimido
ni política existencial
ni performatividad del yo
ni nada parecido.
Pero tampoco soy un actor,
digamos que soy un bicho raro,
una persona con tres o cuatro recuerdos
importantes,
y que todo lo que ve
lo filtra
como le apetece,
pero ojo,
que no soy una agencia de noticias
ni un programa de radio
o una tele con cabeza.
Yo no miento.
No quisiera hablar tanto de mí
y ya lo estoy haciendo.
Será porque no entiendo nada de lo que pasa
o simplemente no estoy de acuerdo.
No sé si comparten conmigo esta opinión,
este arrebato.
Será porque tengo la sensación de que nos creen dormidos,
ellos,
si bien no sé tampoco a quien me refiero,

y he de reconocer que no me gusta nada el sueño
en el que nos han metido.
Lo siento.
Lo siento de verdad,
pero no puedo decir más
que aquello de lo que estoy seguro,
y este sueño inducido es tan confuso
y ellos tan borrosos
que continuamente despierto
algo airado
y echando espuma de nostalgia por la boca
como si estuviera completamente
borracho,
pero no estoy borracho,
solo algo atónito,
perplejo,
pasmado,
turulato,
estupefacto,
asombrado,
patidifuso
y apantallado.

POEMA CON OLOR A MANZANA

Un delirio fue creer que se podía alcanzar el cielo
con un lápiz
dibujando pájaros en el aire.
Un delirio tuvo lugar aquel invierno mágico
con letra menuda,
ininteligible.
Es posible que algún día
los refugios sean refugios blancos
para que el delirio se guarde
de cantar canciones tristes.
Tú y yo
delirantes
de los espacios continuos
y estrellados
nos besaremos
al borde del precipicio,
o del abismo.

PLUMA ATRAVESANDO SUEÑOS

Acción:

Con una pluma a la que le insertamos una aguja enhebrada con una cuerda de cáñamo, atravesar y coser una manzana una y otra vez hasta formar un ovillo en cuyo interior se pudrirá la manzana.

MÁS PREMONICIONES

Me llamaron por teléfono con motivo de una encuesta del Centro de Investigaciones Sociológicas.

La pregunta era:

¿Consideras que es posible adivinar el futuro a través de los sueños?

Pedí que me repitieran la pregunta, porque no la comprendía.

¿Piensas que el tiempo podría caminar en sentido contrario por algún motivo que desconocemos y colarse en los sueños? Algo así como un *dejà vu* pero a la inversa, es decir: ¿has tenido alguna vez la sensación de que una experiencia que sueñas en tiempo presente se experimentará sin remedio en el futuro, de una u otra manera?

¿Pero cómo?, pregunté yo a mi interlocutora.

Gracias a una especie de anomalía en la línea temporal capaz de producir resonancias hacia el pasado, de tal modo que cuando llega a nuestros sueños se revela en forma de aviso, de indicio de clarividencia, de señal que la intuición interpreta parcialmente, como resquicio, como huella, pero con la certidumbre de lo inevitable, a pesar de lo inefable de…

Sí, todos los días, fue mi respuesta.

¿Pero cómo?

No tengo ni idea.

REIVINDICACIÓN DEL SONAMBULISMO

Mientras los periódicos se llenan de titulares que literalmente nos anuncian que estamos al borde del precipicio por culpa de no se sabe qué contumacia territorial, política, religiosa, étnica, ideológica, antropológica, material, venérea, que arde en las cabezas de la soberbia genética, y si fuera solo la soberbia, pero hay algo de enajenada vesania, de insania maldad, de brutal demencia, de infierno voluptuoso y sin control... Mientras el precipicio se hace más profundo y oscuro pero al mismo tiempo luminoso, de una luz cegadora... Mientras más cerca estamos de ese borde, porque lo dicen las noticias que difunden las agencias internacionales, y por lo tanto es verdad, y porque el odio de sexta generación nos empuja a ese borde... Mientras eso ocurre, digo, las calles se han llenado de personas sonámbulas que en rebaño se han puesto a buscar pijamas en los escaparates, para disimular su estado y que nadie los despierte.

UN CHISTE

Esta obra está terminando y me gustaría preguntarles si saben algún chiste relacionado con estar al borde, con estar a punto de, con estar a tiempo de, con estar casi, o algo parecido.

(...)

Les cuento este que escuché hace poco:

Si las cucarachas serán los únicos seres vivos que resistan a una guerra nuclear, ¿qué contienen los spray matacucarachas?[15]

[15]Esta es una pregunta existencial que suelen hacerse los alumnos de 6º de Primaria.

SUEÑOS LÚCIDOS

Se producen cada vez que sueño con mariposas amarillas. En el sueño soy consciente de que sueño y con esta facultad logro que las mariposas se posen en mi mano. Yo no intento cogerlas porque sé que su delicadeza onírica las hace intocables y que un leve roce con sus alas me despertaría, pero dibujo sus vuelos y ellas me llevan donde yo quiero que me lleven.

FIBRA ÓPTICA

Hace poco tuve un sueño, andaba yo obsesionado con eso de la fibra óptica. La fibra óptica, como sabrán, es capaz de transportar la luz de un lugar a otro al instante (a la velocidad de la luz). Como también tendrán noticia, el cambio climático nos acecha de tal manera que pronto se verá afectado el medio ambiente en el que vivimos, nuestra salud, nuestros hábitos... Es posible, incluso, que en verano, no haya forma de salir a la calle y tengamos que vivir de noche...

Ahora, imaginemos un planeta comunicado mediante fibra óptica: de modo que la luz recibida en lugares donde es de día, podamos transportarla a lugares donde es de noche. Esta luz, llegada de las antípodas, podría iluminar nuestras ciudades, hacer funcionar las fábricas en horario nocturno, estimular la emisión de oxígeno mediante la exposición a la luz durante 24 horas de determinados tipos de algas, producir alimentos en interior, libres de plagas y a una temperatura óptima... Incluso podríamos aliviar la temperatura de nuestro suelo, llevando la luz que lo calienta, a otra parte... Por no hablar de cómo millones de lentes en un lejano desierto podrían alimentar de luz una potente central solar, sin ocupar apenas un kilómetro cuadrado.

Es un sueño, es un sueño que no me gusta, porque lo que a mí me gustaría es que el planeta pudiera regresar a un estado de respeto de los ecosistemas, a un viejo orden natural... Pero ante un estado de emergencia, de probable caos, la fibra óptica a escala planetaria podría salvar nuestro futuro...

Y ahora reflexionemos. Al margen de la validez del sueño que les expongo, lo cierto es que estamos en un teatro, y que existe una posibilidad real de comunicación. Tengo, tenemos la posibilidad de comunicar un sueño, una idea, y la posibilidad de discutir sobre ella.

¿Qué opinan ustedes?

PALOS DE UNA BARAJA

Clasifico los sueños por palos, los de la baraja. Sueños de amor son copas, sueños de oros triunfos, sueños de desastres o de miedo son palos, sueños de sueños espadas. Cuando se terminan los de un palo me veo obligado a comprar baraja nueva. A veces me ocurre que asigno a un sueño el as y luego aparece un as mayor y he de intercambiar las cartas, pero esto es lo de menos, lo importante es diferenciar en palos los sueños, como he dicho. Es cierto que siempre hay un palo que se acaba antes que los otros, como es lógico, y por ello tengo que comprar barajas nuevas en bastantes ocasiones antes de llegar a los 40 sueños. Una vez que empiezo la nueva baraja ya no utilizo la vieja, y son estas cartas que sobran las que abandono, como sueños por soñar, como sueños que piden ser soñados. Las cartas las dejo cuidadosamente en lugares públicos.

DESTINO

Un padre le dice a su hijo: “que tengas felices sueños”.

El hijo interpreta la frase bien como un deseo de descanso, bien como un deseo de que no tenga pesadillas. Y se duerme.

Pero al despertar, el padre se ha ido para siempre. Esto a veces sucede.

Pasado un tiempo, cuando el hijo se hizo tan viejo como lo era su padre, a su cabeza regresa la frase “que tengas felices sueños”, y un dolor sacude su pecho, porque comprende, de pronto, que se trataba de una despedida, pero también de una lección de vida.

EL INFLUJO DEL PERMANENTE SOÑAR

Es un sueño que se repite por capítulos. En cada fase suceden acontecimientos que tienen continuidad en la fase siguiente. La serie de sueños puede durar una noche, varias noches, o toda la vida, pero nunca conocerás el argumento de la serie una vez despierto. No recordarás el sueño, tampoco ninguno de los capítulos. Sin embargo, dentro del sueño, todo tiene una asombrosa coherencia: las peripecias y los giros dan forma a una linea de acción compleja y con abundantes subtramas. En esta historia onírica, quien sueña puede ser protagonista o solo un/a espectador/a privilegiado/a.

EL COMPLEJO DE CASANDRA

Como consecuencia de aquel anuncio de "Se buscan personas que quieran desprenderse de sus sueños", estoy manteniendo diversas conversaciones con diferentes personas sobre sus sueños. La mayoría de estas conversaciones son registradas a través de la vía del correo electrónico, y teniendo en cuenta que cada vez se suman más y más personas a este juego, resulta que lo que empezó de manera inocente es ya una actividad diaria, casi cotidiana, de interpretación literaria-onírica, la cual, lo confieso, amenaza con absorberme.

Atento a los avisos de mi correo electrónico, mi mayor preocupación reside en que alguno de estos mensajes acaben en la carpeta de spam o simplemente me olvide de responderlos.

Hasta hoy mismo, este grupo de personas con las que mantengo una relación epistolar sobre este asunto, estaba conformado exclusivamente por personas conocidas, entre las que predominan amistades más o menos o menos íntimas.

Pero esta mañana me llegó un enigmático correo de alguien que no conozco, o al menos eso creo:

"Estimado, Julio. He visto tu anuncio y quiero que seas testigo de un sueño con un gran significado y que seguro que interpretarás como es debido, pues se trata de un auspicio que pronto se va a cumplir, pese a que nadie me crea. Esperando tu respuesta, atentamente: Eulogio."

Le he dado vueltas al correo, tratando de encontrar el sueño que Eulogio cita, pero el mensaje es el que es, y no viene acompañado de ningún adjunto.

He decidido no responder, quizá mejor no conocer ese sueño.

SENTIR EL SOL EN LA CARA JUSTO ANTES DE UN *LUSCOFUSCO*.

Más importante que ver puestas de sol es sentir los rayos de sol en la cara en estado de somnolencia, con los ojos cerrados, justo en esos segundos en los que el sol desaparece para dar entrada a ese mundo en el que la noche lucha por imponerse al día o en el que la claridad se resiste infructuosamente frente al avance de lo oscuro. El luscofusco no como atardecer sino como espacio en el que solo cabe dejarse vencer, un tiempo para la agonía de la luz y, en el que las sombras ya no existen.

ACCIONES PARA DURMIENTES

1

Un cepillo de púas barre una calle hasta llegar al lugar donde se encuentran 110[16] figuras de barro de alrededor de 2 cm de alto. El cepillo tumba las figuras y las empuja hacia un abismo figurado.

2

Dos mujeres sentadas a una distancia de unos 50 metros, unidas por el pelo con hilos de lana de muchos colores. La acción dura todo el tiempo que sea necesario.

3

Alguien planta un árbol ya crecido para subirse en él y permanecer ahí el resto del tiempo[17].

4

Con una pluma, acariciamos un violonchelo sin extraer sonido alguno. Ese silencio será la música de nuestro espectáculo[18].

---

[16]110 es el número de víctimas conocido después del ataque del ejército de Israel el 1 de marzo de 2024 contra un gran número de personas en Gaza que se afanaban en recoger ayuda humanitaria.

[17]Tiempo vital, se sobreentiende.

[18]Acepción de espectáculo referida a evento que se produce en una sala para exhibición de acontecimientos.

5

Huellas de lobo en el suelo en un paisaje sin rastros humanos. La acción consiste en seguir esas huellas hasta entrar en estado onírico-catatónico.

6

Redactar un panfleto contra la caza que se titule: *Decenas de miles de años sin evolución en la especie.*

7

Vamos a tirar una botella al mar con un mensaje verde esperanza.

8

Diferentes personas caminando por la calle con antifaces [para dormir]. En voz en off sus sueños en primera persona, pero de otras personas elegidas al azar.

9

¿Cómo soñar al borde del precipicio? Esta es la pregunta que haremos como excusa para iniciar una encuesta que nos conduzca a una investigación sobre la conciencia colectiva en los tiempos que corren.

10

Dibujo [yo] una cama en un lugar estratégico de una calle peatonal. Coloco una almohada en la cabecera[19].

11

Una mujer tumbada [en lo alto de una duna] mira las nubes pasar. Con la imaginación es capaz de imprimir velocidad real a las nubes hasta despejar el cielo.

12

En este sueño, solo hay canicas que caen en un hoyo donde desaparecen. Las canicas [a miles] son las canicas procedentes de los sueños de infancia [que las fabricaban incansablemente].

13

Un hombre planta un nogal que lo llamará Futuro mientras come nueces.

14

Cubitos de hielo que contienen flores son tendidos a lo largo y ancho de un espacio escénico. Las luces de los focos deshacen el hielo hasta dejar libres las flores. La acción consiste en preparar una ensalada con esas flores.

---

[19]Esto es una clara invitación a soñar.

15

Intentamos [hasta dar con la fórmula] dar forma a un precipicio después de levantar una montaña de arenas movedizas.

16

Definición de «epostracismo». Término compuesto a partir de palabras del griego y que define el juego de capar el agua lanzando piedras y haciéndolas rebotar sobre su superficie. Viajando en las piedras [planas], emigrantes diminutos.

17

Hemos regresado a finales del siglo XV. La caza de brujas se ha normalizado en el mundo cristiano. Montados en escobas damos vueltas alrededor de una fogata donde arde el *Malleus Maleficarum*: la guía más famosa de la época para identificar, interrogar, torturar y condenar a los inquisidores.

18

Instrucciones para fabricar risas en lata:

Uno. Abrir una lata.

Dos. Reírse dentro.

Tres. Cerrar la lata.

19

Camino por la calle acariciándolo todo con una pluma roja, roja sangre[20].

---

[20]Este será el silencio de nuestro espectáculo.

20

Afuera, en la realidad, se ha hecho el silencio.

21

Y de pronto, en mitad de la nada, una pequeña caja de música interpreta, como si se tratara de un milagro, una de las *Cantigas de Santa María*, escritas en la Corte de Alfonso X el Sabio, elegida al azar[21].

22

Antes de calzar unas zapatillas, clavarlas a un suelo de madera. A continuación, moverse como si se estuviera en un barco en mitad de un mar calmo.

23

Desde la materia oscura, desde la zona más misteriosa de la Vía Láctea, una palabra se acerca. Es AHORA.

24

Tumbarse en una calle muy transitada, para ver pasar las nubes blancas.

25

Comprar una sandía en un supermercado, pintarla reproduciendo en su superficie la superficie de la Tierra. Dejarla

[21]En concreto ha de ser la nº77.

caer sobre el cemento desde una altura aproximada de 3 metros (emplear una escalera).

26

Alguien puso un anuncio en las redes sociales: “Se buscan especialistas en programación de sueños”.

27

Construir un castillo de naipes en mitad de un escenario sin truco alguno y para que se mantenga en pie hasta el momento justo de comenzar un evento (podría tratarse de esta misma obra). Rogar al público que se siente despacio, sin hacer ruido, para que el castillo no se derrumbe. Más tarde, dar un golpe en el suelo con un martillo de maquinista[22].

28

Sobre una pared forrada de papel, proyectar la imagen de un fuego que devora el papel.

29

Pintar al oleo nubes blancas en paredes desconchadas en calles abandonadas. Reivindicar su abandono.

30

Tratar de recordar un sueño repasando un diccionario de la A a la Z.

---

[22]Ver capítulo: “El martillo del maquinista”.

31

Olvidar el cuerpo en alguna parte como cuando olvidas las gafas y las tienes puestas o como cuando buscas tu móvil mientras hablas con alguien que ya no conoces.

32

Abrir un apartado de correos para los sueños perdidos.

33

Hay quienes sueñan con puestas de sol para soñar con ellas.

34

Una acción bastante común: caer en la locura cuando se intenta cumplir un deseo.

35

Con un hilo de araña, colgar una lágrima al aire libre.

36

Pintar con tiza nubes en todos los árboles de un camino. Esperar a la lluvia.

37

Si te pones plumas rojas en el pelo, serás un indígena en la tierra de los nadie.

38

Haces fotocopias de esta obra y las olvidas de manera premeditada en lugares estratégicos: un supermercado, una entidad bancaria, un ambulatorio...La idea es que el día de su estreno, alguien se presente a representar la pieza atribuyéndose su autoría.

39

Te quedas en blanco mientras sueñas. Y te despiertas con una sensación de vacío inmensa.

EL MEJOR SUEÑO DEL MUNDO

Algún día llegará que podamos soñar a la carta y con los ojos abiertos. Y ese día, yo, elegiré ser un árbol de la escucha al lado de otros muchos árboles de todo tipo de especies.

INSTALACIONES DE SILLAS CON MENSAJE

Silla colocada en lugar transitado con mensaje:
Vuelvo en un tiempo largo. Estoy soñando.

Silla colocada en baños con el mensaje:
Doy masajes neuronales. Razón no hay.

Silla colocada al principio de un paso de peatones con el mensaje:
Llegará el día que tendremos que mirarnos.

Silla colocada al borde de un precipicio con el mensaje:
Tómate un descanso y respira hondo.

Silla colocada en medio de un bosque con el mensaje:
En el origen yo también era.

Silla colocada en la cima de una montaña con el mensaje:
Estoy aquí.

Silla colocada mirando al mar con el mensaje:
Mirar al horizonte es gratis.

Silla junto a una señal de prohibido el paso con el mensaje:
Prohibido no sentarse.

Silla sobre una barca a la deriva con el mensaje:
Esto solo es un sueño.

COSAS ÚTILES PARA ESTA PIEZA (INSTRUCCIONES)

Solo dos:

1. Una figura humana que camina eternamente.
2. Un paraguas sensible.

Para realizar la primera se necesitará:

- Un trozo de papel de estraza de al menos un metro y medio de largo por medio metro de ancho.
- Listones de madera.
- Alambre.
- Un motor eléctrico de baja intensidad y giros lentos.

Para realizar la segunda se necesitará:

- Un paraguas viejo.

Instrucciones para 1: Dibujar y recortar una figura humana sobre el papel. Pegar la figura a una pared (solo de cintura para arriba). Encuadrar la figura dentro de un marco a 30 centímetros de la pared. Colocar un eje a la altura de las rodillas en forma doble U (invertidas). Conectar el eje al rotor del motor. Enchufar a la corriente.

Instrucciones para 2: Sustituir la tela del paraguas por un papel de seda lo más fino posible.

NOTA A PIE DE PÁGINA

Para esta nota a pie de página no hay texto, solo un dato:

El 80% de los bosques primarios del mundo han desaparecido en menos de 100 años. Añadir que si el Universo desde su origen tuviera la edad de una persona adulta de 50 años, esos 100 años equivaldrían a menos de la mitad de un segundo en la línea de su vida.

Otro dato, este sin confirmar: dentro de esa misma ecuación apenas faltarían una décimas de segundos para llegar al apocalipsis: momento en el que se pararían todo los relojes conocidos, aunque no el tiempo.

ANEXO

Hay algo que olvidé decir, y es que tengo la sospecha de que hay muchos seres que sueñan, además de los mamíferos. Es más, tengo la sospecha de que hasta las piedras sueñan.

En realidad, lo que provoca los sueños no es una fuerza misteriosa que reside en los cerebros sino el satélite que da vueltas alrededor de la Tierra.

Por eso, los sueños son lunáticos por naturaleza, por eso los hongos crecen con el influjo selenita —cuando sueñan y se asoman entre las hojas caídas—, por eso las lechuzas giran sus ojos mientras sueñan, por eso el croar de las ranas en la laguna es una llamada onírica y lujuriosa, por eso las flores se abren siempre de noche y esperan a la madrugada para mostrar sus vestidos.

Nacemos de una quimera que dura lo que dura el ciclo lunar, un anhelo fecundado que se vuelve real y que muere regresando a lo que era: materia de sueños que con la lluvia se convierte en tierra.

AUGURIO

Y al tiempo que cientos de plumas rojas que caen desde el cielo, elevar los brazos en señal de duelo[23].

[23]Es correcto, no es vuelo.

A LA SALIDA

Antes de irse, el público deberá asaltar el escenario para pintar a carboncillo y con los ojos cerrados ese sueño personal nunca desvelado. La suma de sueños dará lugar a un sueño colectivo.

La misión del autor será, tan solo, recoger el sonido del carbón sobre el papel que cubre las paredes internas del teatro.

Un sueño colectivo, quizá innecesario para los tiempos que corren, pero que dará origen a una música palindrómica y palimséptica, es decir: reversible y formada por diferentes capas de sonido, audibles e inaudibles.

SOÑAR AL BORDE DEL ABISMO

se presentó por primera vez en el teatro ENSALLE de Vigo

el 24 de mayo de 2024

con la siguiente ficha artística:

Creación: Julio Fernández Peláez

Iluminación: Antoine Forgeron

Música: Roberto García de Mesa

Temas musicales: *Cantiga nº77 ("Da que Deus mamou") Alfonso X el Sabio* y *"Sueño de amor" de Franz Liszt*

Colaboración videográfica: Eva Alfonso, María Costa, Myriam López, Luna Gómez y Terrorismo de autor.

Intevienen en imágenes: Olga Alonso, Carmen Abizanda, Eva Alfonso, Maika Álvarez, Unai Bilbao, María Costa, José Esteve, Fernando Feijoo, Iria Fernández Crespo, Julio Fer, Laura Giráldez, Luna Gómez, Tristán Gómez, Odin Márquez, Cristina Ramos, Moncho Paz, Fermín Súarez y Valentina Vilar.

Agradecimientos: Teatro Ensalle, Enrique Torres Infantes, Francisco Oti, Rosa Encinas, Sandra Moya y Ana Vallés.